Les zOburO

ANNEE 2010

Scénario : Steve S. *alias SilvaS en 2010.*

Dessins : Coudray Mathieu, Steve S.

—

ISBN : 9798526772976

—

Dédicace

Merci Mathieu de t'être compromis dans cette aventure complétement délirante et si loin de ton talent.

Je suis vraiment désolé.

—

Pour la Tribu, en souvenir de Lacroix.

—

EJIMTAE

Christian !

Publié le 31/01/2010

Cathodique

Publié le 31/01/2010

Relax

Publié le 31/01/2010

Ipad

Publié le31/01/2010

Identité

Publié le 01/02/2010

Voile

Publié le 10/02/2010

Voile 2

Publié le 13/02/2010

Wikipédia

Publié le 16/02/2010

Black out

Publié le 18/02/2010

Le petit nicolas

Publié le 20/02/2010

Steevy

Publié le22/02/2010

Fumer tue

Publié le 23/02/2010

Youtube

Publié le 25/02/2010

Antécédents

Publié le 26/02/2010

Dessins

Publié le 01/03/2010

PSG

Publié le 03/03/2010

Métier

Publié le 04/03/2010

People-itique

Publié le 04/03/2010

Buteur

Publié le 08/03/2010

Ong bak

Publié le 08/03/2010

Adieu veau vache cochon couvée

Publié le 10/03/2010

Oh Elle

Publié le 12/03/2010

Abstention

Publié le 15/03/2010

Modem

Publié le 17/03/2010

Ferrat

Publié le 19/03/2010

Double compétence

Publié le 22/03/2010

Remaniement

Publié le 24/03/2010

Nouveaux Partis

Publié le 26/03/2010

Benoit

Publié le 29/03/2010

Big bang

Publié le 31/03/2010

Mode et condition

Publié le 02/04/2010

Femme active

Publié le 05/04/2010

Chatroulette

Publié le 07/04/2010

Pologne

Publié le 12/04/2010

Sous-Pape

Publié le 14/04/2010

HTTP://ZOBURO.BLOGSPOT.COM

Formation

Publié le 16/04/2010

Zone noire

Publié le 19/04/2010

En Bleu Mineur

Publié le 21/04/2010

Mauvaise Foi

Publié le 23/04/2010

Sympa

Publié le 26/04/2010

Polygamie

Publié le 28/04/2010

Barbapapa

Publié le 03/05/2010

Parité

Publié le 05/05/2010

Favela sous bois

Publié le 12/05/2010

Polygamie

Publié le 28/04/2010

Barbapapa

Publié le 03/05/2010

Parité

Publié le 05/05/2010

Favela sous bois

Publié le 12/05/2010

Conversion

Publié le 14/05/2010

Offre spéciale

Publié le 17/05/2010

Alibi

Publié le 19/05/2010

Redondance

Publié le 21/05/2010

52

Hadopi

Publié le 24/05/2010

Cannes 2010

Publié le 26/05/2010

Autoroute

Publié le 28/05/2010

Linux

Publié le 02/06/2010

Louise

Publié le 04/06/2010

Rapport

Publié le 11/06/2010

Le diner

Publié le 16/06/2010

Retraite

Publié le 18/06/2010

Cheikh

Publié le 21/06/2010

Bad Boy

Publié le 23/06/2010

Tennis Français

Publié le 25/06/2010

Année érotique

Publié le 30/06/2010

Sommeil

Publié le 04/08/2010

Cd Roms

Publié le 10/09/2020

Fessée

Publié le 13/09/2010

Mac

Publié le 15/09/2010

Sculpture

Publié le 17/09/2010

Spoil
Publié le 20/09/2010

Lascaux

Publié le 22/09/2010

Shadow

Publié le 24/09/2010

Gros

Publié le 27/09/2010

Lape-Suce

Publié le 29/09/2010

Elémentaire

Publié le 03/10/2010

Vitro

Publié le 06/10/2010

Nostalgie

Publié le 07/10/2010

Prière

Publié le 11/10/2010

Menace

Publié le 13/10/2010

Quick 2

Publié le 17/10/2010

Minh

Publié le 18/10/2010

Soirée de Cons

Publiée le 18/10/2010

Lape-Suce 2

Publié le 20/10/2010

Règne Animal

Publié le 03/11/2010

Prépa

Publié le 05/11/2010

Centième zOburO

Publié le 10/11/2010

Grand pas en avant

Publié le 12/11/2010

87

Journée Mondiale de la Gentillesse

Publié le 16/11/2010

Lespatrainétonfisse

Publié le 19/11/2010

Coup de vieux

Publié le 03/12/2010

Grand froid

Publié le 06/12/2010

Auvergne en hiver

Publié le 10/12/2010

Jurisprudence

Publié le 15/12/2010

Noël 2010

Publié le 24/12/2010

Techno(il)logique

Publié le 27/12/2010

Résolutions 2011

Publié le 31/12/2010

Y'A UN PEU PLUS !
JE LAISSE ?

La Cité de la Peur

Dehors

Publié le 05/01/2011

Juste

Publié le 07/01/2011

Géographie

Publié le 12/01/2011

Les crocs

Publié le 17/01/2011

Dans le panneau

Publié le 19/01/2011

Egypte

Publié le 14/02/2011

Autre parution de Steve S :

LE RECUEIL

6 nouvelles fantastiques sur le thème du Mythe de Cthulhu

Au format électronique ou Broché

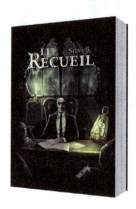

—

Retrouvez-moi sur

Facebook : @ssteveauteur

Twitter : @ssteveauteur

Site auteur : https://ssteveauteur.jimdofree.com/

—

ISBN : 9798526772976

Impression via *AMAZON KDP*